AF483029

Les Entreprises Maritimes Basques

La Construction
en série
des Sardiniers
à Moteur

SOCOA, *près Ciboure*
(BASSES-PYRÉNÉES)

ÉDITION DE L'ILLUSTRATION ÉCONOMIQUE ET FINANCIÈRE
39, RUE DE LA VICTOIRE, PARIS

IMPRIMERIE G. CADET, PARIS

Les Entreprises Maritimes Basques

La Construction en série des Sardiniers à Moteur

Les chantiers de Socoa.
Le nouveau « Quinze tonneaux de pêche à moteur »
L' « Anna Héloïse ».
L'installation du moteur.
Les caractéristiques des nouveaux sardiniers.
Conditions générales de vente.

La propulsion des bateaux par moteurs à explosion est à l'ordre du jour. La hausse constante du prix du charbon d'une part, les progrès réalisés récemment dans la mise au point des moteurs à explosion et la perspective d'un ravitaillement abondant en combustibles liquides, de l'autre, ont attiré l'attention des armateurs sur le nouveau mode de propulsion.

De tous côtés, on construit des cargos mus par moteurs à huile lourde ou à pétrole, des bateaux à moteurs auxiliaires à pétrole ou à essence.

Dans le domaine de la pêche, il semble que nous sommes demeurés très en retard sur nos concurrents anglais, américains, hollandais, scandinaves ou allemands.

Alors qu'à l'étranger des flottilles très importantes de bateaux à moteurs sont en exploitation, chez nous le nouveau mode de propulsion paraît n'inspirer encore que peu de confiance aux armateurs à la pêche. Le bateau à moteur est discuté, sinon calomnié ; personne ne veut se risquer à faire une expérience qui ne serait en réalité que la mise en pratique chez nous de données familières à nos concurrents étrangers.

Cela tient surtout à ce que nous avons négligé de nous instruire. Personne en France ne paraît s'être soucié de faire un voyage d'études en Angleterre, en Hollande, en Allemagne ou en Danemark pour voir ce que font les autres, pourquoi ils réussissent là où nous ne paraissons rencontrer que des déboires.

La Société *Les Entreprises Maritimes Basques* a tenu à combler cette lacune. La première en France, elle s'est lancée résolument dans la construction en grande série de bateaux de pêche à moteur. Tout en poussant activevent l'étude de navires de plus fort tonnage, elle s'est mise en mesure de construire et de livrer rapidement des bateaux de pêche à moteur de 15 tonneaux.

Sur un vaste terrain situé dans la baie de Saint-Jean-de-Luz (Basses-Pyrénées) d'où, il y a un an à peine, s'envolaient les avions préposés à la défense des côtes, s'élèvent aujourd'hui les importants chantiers de Socoa munis d'un outillage moderne. (Fig. I et II.)

Ces chantiers sont d'un accès facile. Par mer, lorsque la tempête règne dans le golfe de Gascogne, Socoa est le seul point abordable sur la partie du littoral comprise entre l'embouchure de la Gironde et l'Espagne. Par terre,

Vue générale des Chantiers de Constructions des Entreprises maritimes basques à Socoa (Fig. I.)

la voie ferrée de Bayonne à Hendaye des « Chemins de
fer Basques » desservira incessamment Socoa, et permet-
tra un approvisionnement facile en matières premières
tout particulièrement en bois des Pyrénées et des
Landes.

Enfin, un personnel technique, spécialiste de constructions navales, doublé d'une main-d'œuvre éprouvée,
permet l'étude et la réalisation pratique parfaite de tous
les projets. (Fig. III.)

Le nouveau « Quinze tonneaux de pêche à moteur »,
des *Entreprises Maritimes Basques* est le fruit d'une
longue expérience et d'une série d'études minutieuses. Ce
n'est pas un bateau mixte, solution bâtarde à laquelle on
se serait arrêté en voulant réunir les avantages, souvent
inconciliables, de la voile et du moteur ; c'est un bateau
marchant 9 nœuds (16 kilomètres 600 à l'heure), et sur
lequel la voilure ne sera qu'une auxiliaire servant seule-
ment en cas de panne ou, tout au plus, aux allures por-
tantes.

Ce bateau ne peut donner que de bons résultats pour
toutes les pêches côtières, celle de la sardine au filet
tournant ou au filet droit avec les 10 canots que peuvent
contenir ses cales, celle du thon dans un rayon d'action
de 80/00 milles, celle de la langouste aux casiers, celles
qui se pratiquent aux cordes ou palangres.

Si la *Société des Entreprises Maritimes Basques* a
construit son type de bateau en vue d'applications
aussi diverses, c'est parce qu'elle a la conviction que l'u-
nification des innombrables modèles de bateaux pê-
cheurs utilisés sur les côtes de France est un progrès
désirable et parfaitement réalisable ; c'est aussi parce
qu'elle juge que le bateau à moteur ne doit pas
être nécessairement une copie de ses devanciers, les ba-

teaux à voile ou à rame, pas plus que l'automobile n'a
été copiée sur la diligence.

En ce qui concerne le moteur, il était nécessaire de
rompre avec la routine qui a contribué à rendre impo-
pulaire chez nous le moteur marin à explosion et, imitant
les Scandinaves, les Hollandais et les Allemands, de
s'arrêter à un type de moteur à régime lent, de poids
assez élevé, robuste et pouvant être mis dans toutes les
mains.

On doit à la vérité de reconnaître qu'en France quelques constructeurs avaient fait de sérieux efforts pour
rompre avec l'idée qui consistait à chercher la solution
du problème dans le moteur à haut régime, léger, mais
fragile et capricieux.

C'est à ces constructeurs que les *Entreprises Maritimes
Basques* ont fait appel pour munir d'un type de moteur
ayant fait ses preuves, les bateaux sortant de leurs
cales. (Fig. IV.)

L'*Anna-Héloïse*, le premier bâtiment que les *Entreprises Maritimes Basques* viennent de créer, est une chaloupe légère, mais solide, entièrement pontée et possé-
dant les meilleures qualités nautiques. Son aménagement
comprend : au centre, sous un roufle assez élevé pour
permettre à un homme de se tenir debout, le moteur ;
à l'avant et à l'arrière, deux vastes cales.

Ses dimensions sont les suivantes : longueur, 15 mètres ;
largeur, 3 m. 50 ; tirant d'eau, 1 mètre.

Son moteur de 25/30 HP est du cycle à 4 temps, com-
prenant 4 cylindres séparés, tournant au régime de 600
tours par minute.

Les trois pompes de circulation, de cale et d'huile
sont à piston plongeur, démultipliées et d'accès facile.

Construction en série de sardiniers-thonniers type « Anna-Héloïse » (Fig. II.)

Avant la mise à l'eau du sardinnier-thonnier « *Anna-Héloïse* » (Fig. III.)

Le graissage est particulièrement soigné : l'huile arrive abondamment à toutes les parties du moteur.

L'allumage se fait par magnéto à haute tension.

Le moteur fonctionne, soit à l'essence, soit au pétrole lampant, grâce à un appareil spécial permettant à tout moment de la marche le passage d'un combustible à l'autre, sans affecter la souplesse du moteur.

Moteur 25 30 HP de « l'Anna-Héloïse » (Fig. 5.)

L'installation du moteur est très soignée ; aucun détail n'a été négligé pour obtenir la sécurité dans le fonctionnement. Toutes les commandes peuvent être placées sur le pont, à portée de l'homme de barre, de façon que celui-ci puisse, si c'est utile, manœuvrer seul le bateau. (Fig. V.)

Voici encore quelques renseignements techniques sur
l'*Anna-Héloïse* :

Coque — Formes de vedette marine ;

Grément de chaloupe ; etc., etc...

Moteur. — Poids, 1.300 kilos ;

Alésage, 130 m/m ;

Course, 160 m/m ;

Nombre de tours par minute, 600 à 650.

Un cabestan mû par le moteur peut être installé sur
commande.

A cette description de l'*Anna-Héloïse*, les *Entreprises
Maritimes Basques* se tiennent prêtes à ajouter tous les
renseignements dont MM. les armateurs pourraient avoir
besoin. Elles se feront un plaisir de faire la démonstra-
tion du bateau en pêche.

— — —

Voir page 15 les Conditions générales de vente.

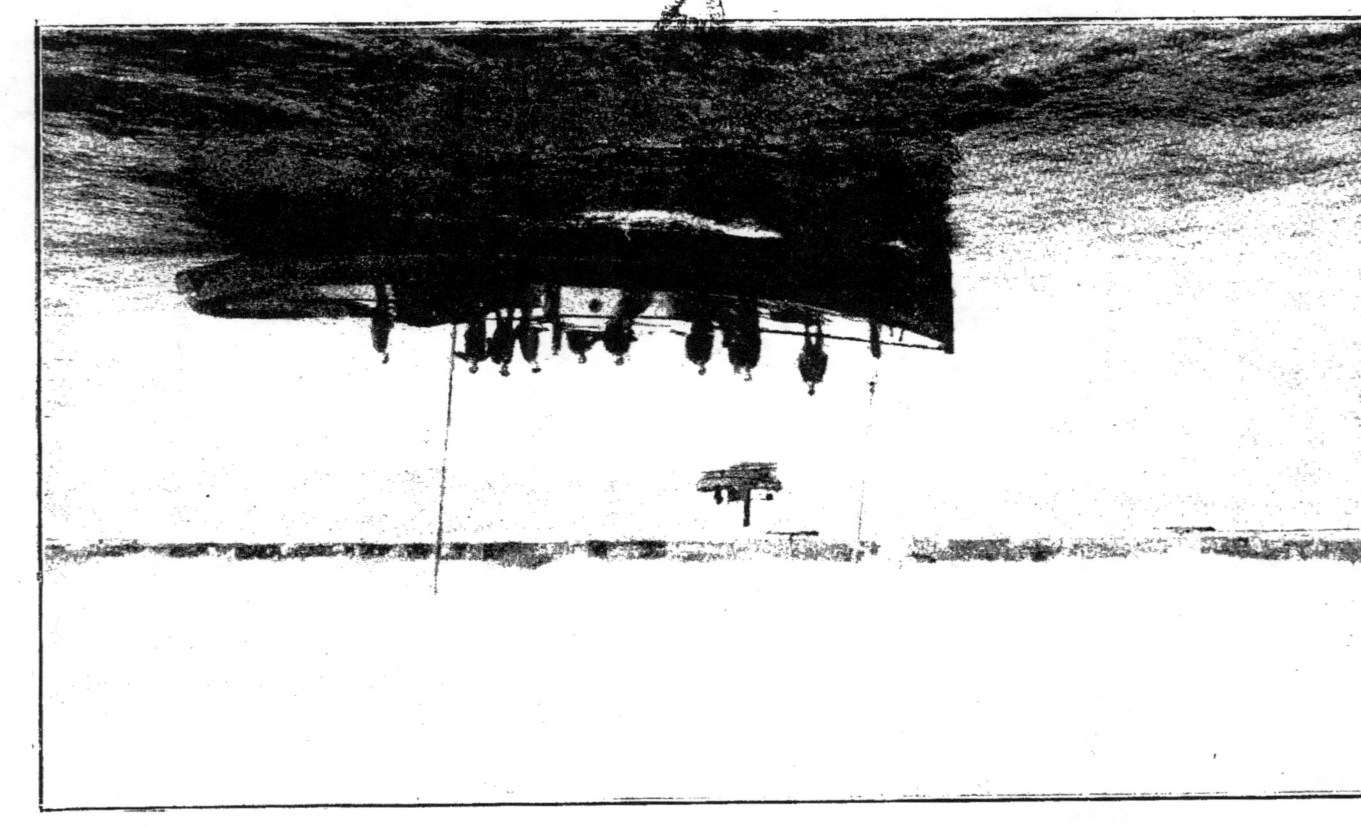

L' « *Anna-Héloïse* » *armé pour la pêche* (Fig. IV)

CONDITIONS GÉNÉRALES DE VENTE

Commandes. — Toute commande doit être accompagnée d'un versement représentant le tiers de son montant, le solde étant payable au fur et à mesure de l'exécution aux conditions établies par le marché.

Livraisons. — Les nécessités de la construction en série ne nous permettent pas d'accepter des modifications au type proposé par notre Notice. Seuls les aménagements sont susceptibles de recevoir de légères modifications, sur demande des clients.

Garanties. — Le certificat de 1re cote du Bureau Veritas, obtenu à nos frais et remis au moment de la livraison nous autorise, de convention expresse, à décliner toute garantie complémentaire.

Nous nous engageons, néanmoins, à remplacer purement et simplement dans nos chantiers, à nos frais, sans indemnité, toute pièce qui se serait révélée défectueuse, dans le délai de six mois à dater du jour de la livraison.

Délais de livraison. — Les dates de livraison ne sont données qu'à titre d'indication. Un retard ne peut créer un droit à une indemnité en faveur de l'acheteur.

De convention expresse, le Tribunal de Commerce de Bayonne sera seul compétent en cas de contestations, même en cas d'action intentée sous forme d'appel en garantie. Il est entendu que nos dispositions, acceptation du règlement ou traites n'opèrent ni novation ni dérogation à cette clause attributive de juridiction.

IMPRIMERIE G. CADET
7, RUE CADET, PARIS